Bulles de love

Mélanie Courtois - @littlepoezie

Par-delà la grisaille qui
s'agglutine sur le mois de
janvier et les murs de mon
quartier,
y'a mon cœur qui rêve de
toi

C'est un brasier
que tu tatoues
dans mon cou,
ton rang de baisers

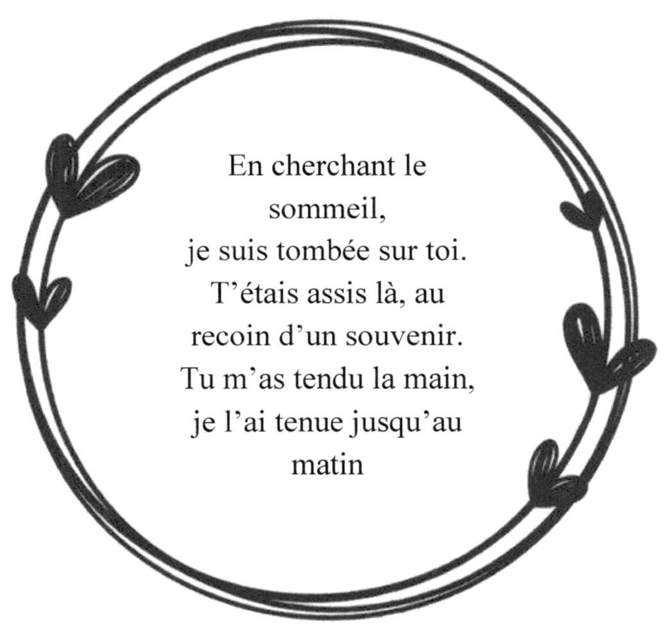

En cherchant le
sommeil,
je suis tombée sur toi.
T'étais assis là, au
recoin d'un souvenir.
Tu m'as tendu la main,
je l'ai tenue jusqu'au
matin

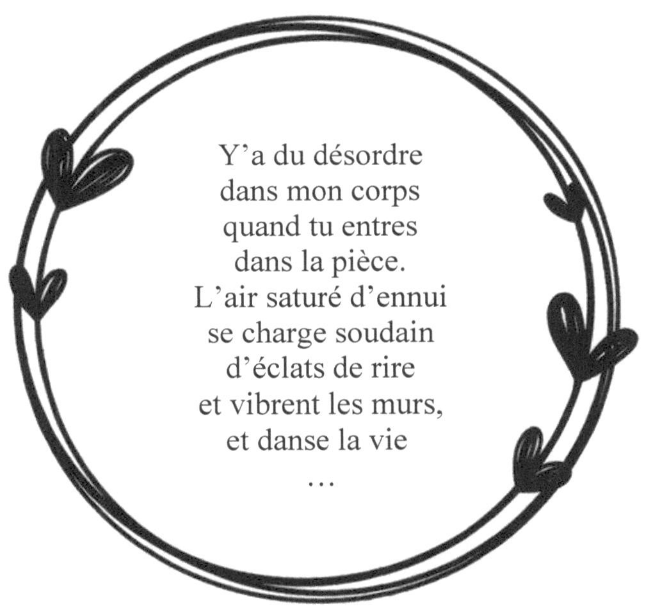

Y'a du désordre
dans mon corps
quand tu entres
dans la pièce.
L'air saturé d'ennui
se charge soudain
d'éclats de rire
et vibrent les murs,
et danse la vie
…

Tu fais le tour de mes pensées

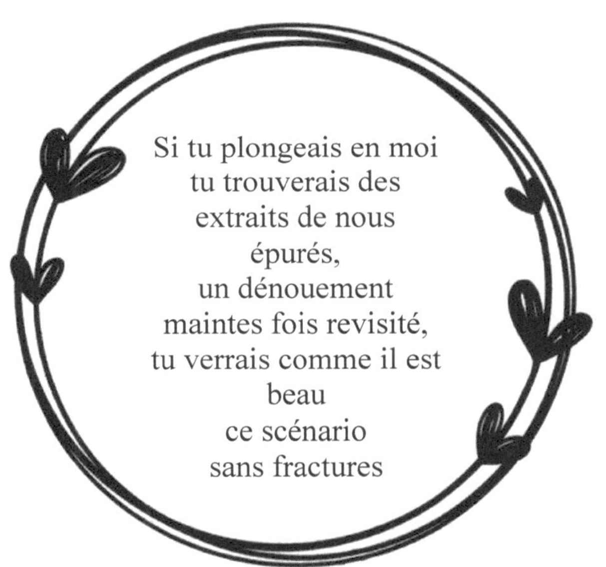

Si tu plongeais en moi
tu trouverais des
extraits de nous
épurés,
un dénouement
maintes fois revisité,
tu verrais comme il est
beau
ce scénario
sans fractures

Notre passion,
une épice
pour les jours
insipides

Entre erreurs et fracas
on résiste,
on renverse nos faux pas,
plus forts
que tous les cataclysmes

J'ai dû m'affranchir de
vos regards pour aimer
à ma façon,
j'ai trouvé la liberté
dans la gayté

Sous leurs regards
mon aisance se
recroqueville,
c'est sous le tien
que je scintille

Peut-être que
l'on finira à bout
de souffle,
écorchés sur les
bords,
le cœur défiguré,
peu importe
on verra bien
puis la désolation
ça fait grandir

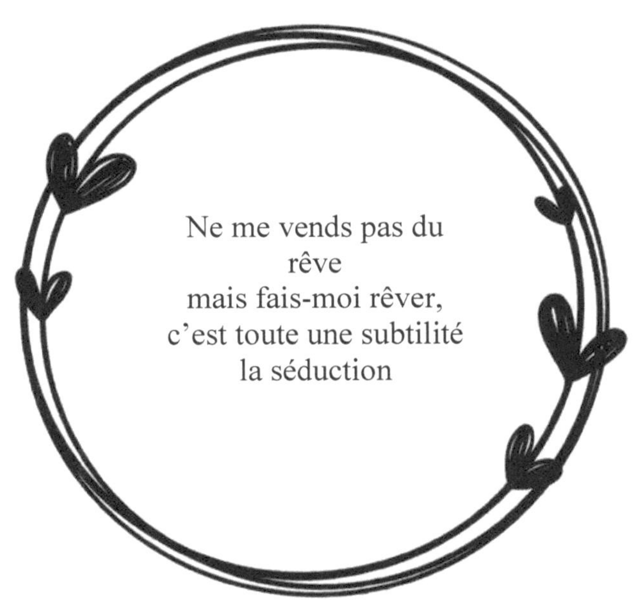

Ne me vends pas du
rêve
mais fais-moi rêver,
c'est toute une subtilité
la séduction

Nos mots ont l'art de
de s'emmêler,
de s'abimer dans nos
braillements,
nos cris ont l'art de
s'échapper,
de dérailler sous tous
les temps,
notre art à nous c'est
de s'aimer
tout en faisant tourner
les vents

Sous ma peau
se cachent des années de
complexes,
un amour propre maintes
fois trainé dans la boue
qui aujourd'hui
a fait peau neuve

Et subitement le rideau
pourrait tomber
et la nuit s'éparpiller
sur le ciel de nos envies

Ca me fout une peur bleue
de nous perdre en chemin

Ce n'est pas d'être
bien avec toi,
c'est d'être mieux
avec toi qu'avec
n'importe qui d'autre

Merci d'avoir été ma
lumière quand je
n'étais plus qu'une
ombre
aux épaules tombantes

Il a bien fallu chérir
chacune de nos
particules pour arriver
jusqu'ici,
nager en eaux troubles et
continuer à rêver

J'ai aimé au masculin.
J'ai aimé au féminin.
Est-ce un crime de
savoir
aimer
les yeux bandés ?

Quarante étés
à nous regarder
fleurir,
ça fait un paquet
de jours heureux

Où iront donc se
loger
mes peines
lorsque tes bras
ne seront plus là ?

J'ai parcouru tous les
yeux du monde
pour oublier les tiens

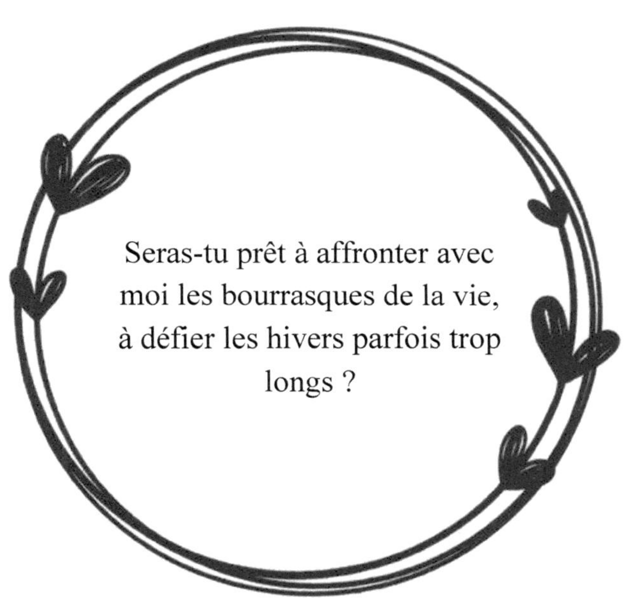

Seras-tu prêt à affronter avec
moi les bourrasques de la vie,
à défier les hivers parfois trop
longs ?

Tu m'aimes,
quand je songe à cet
autre
qui fantasme sur elle.
L'amour est parfois
sans issue

J'ai appris à m'aimer,
pour apprendre
à t'aimer

Des ailes et du soleil.
Dix ans que tu me réapprends
à voler et à briller

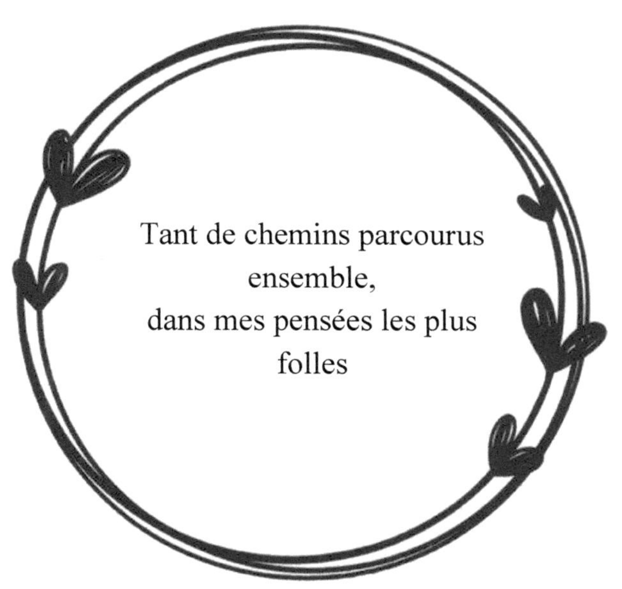

Tant de chemins parcourus
ensemble,
dans mes pensées les plus
folles

On ne tombe pas
amoureux.
On trébuche
sur un champ
d'étoiles

Fabuleux est ce destin
qui nous a fait germer
dans une
bulle de
Love